「素直さ」こそ最強の武器である

斎藤一人

Saito Hitori

はじめに

はい、一人さんです。

この度、「素直さ」について本を書くことになったんだけど、あなたの思っている素直さと、一人さんの言うところの素直さはちょっと違うかもしれません。

なぜなら、世間一般でいう「素直さ」とは、「他人に対しての素直さ」を指す場合が多いから。

今回この本を通して、一人さんがあなたにお伝えしたいこと、**それは「自分自身に対して、いかに素直に生きるか」ということです。**

最初は違和感を覚えたり、受け入れられなかったり、戸惑ったりするかもしれませんが、大丈夫です。

「こんな考え方もあるんだなぁ……」というような、ゆったりした気持ちで読んでみてください。

心というのは、コロコロ変わるから「こころ」というのであって、その時の感情によって受け入れられたり、受け入れられなかったりするものなのです。

そして、素直に聞けないからダメなのではなく、そういう時は素直さを学んでいる時なのです。

この本は、いろんな面から「素直さ」について書いてあるから、どこを開いてもあなたの心に届くようになっています。

心が疲れた時、何かに迷った時、勇気が欲しい時……いつでも、この本を開いてみてください。

「一人さんのいう素直さはこういうことなんだ……」と自分の思っている「素直さ」と比べてみてください。

そして、あなたなりのちょうどいい答えを探し出していってください。


最初からうまくいかなくていいのです。

いろんな考えを知って自分の人生をつくり上げてください。

昨日よりも今日、今日よりも明日が幸せで、毎日が輝く人生を。


人は生まれてくるときに「素直さ」を神様からもらって生まれてきています。


自分には素直さがないと思っている人も心配しなくて大丈夫です。

忘れているだけであって、時期がくるとちゃんと思い出すようになっています。

心優しいあなただけの「素直さ」を思い出すきっかけに、この本が役に立ってくれたら、一人さんは嬉しいです。

それでは、人はもともと「素直さ」を持っているって話から始めようか。

「素直さ」こそ最強の武器である

目次

第1章 「素直さ」を発揮していかないと損をする時代

第2章 あなた本来の「素直さ」を取り戻すために

第3章 「素直さ」を持った人ができること、やったこと

第4章

どうしても「素直さ」が身につかないあなたへ

最終章

一人さんから愛のメッセージ

心から「素直」になりたいあなたへ

装丁　渡辺弘之
校正　篠原亜紀子
編集協力　高津りえ

序章

「素直」であるってどういうこと？

Q 01

人はもともと「素直さ」を持っているということですが、本当の素直さとはどういうことなのでしょうか？

一人さんが思うことだからみんなに当てはまるかどうかはわからないんだけど、一人さんは、こう思うんだよね。

だいたい素直って、みんな勘違いしているんだよ。

素直っていうと「他人に対しての素直さ」を考える人が多いんだけど、**本当は「自分に素直」ってことだよね。**

成功の秘訣は素直なことだよってよくいうけど、多くの人が素直に人の言うこと聞いて騙されたとか聞いたりもするよね。じゃあ、現実的に、そういう素直な人は、あまり成功してないんじゃないかってことだよね。

実際、周りを見てみると、素直な人よりズルがしこい人の方が成功してることもあったりして……。

だから、他人に対して素直な人が成功するっていうのは、一人さんはおかしいいんじゃないかなって思っているの。

じゃあ、何が一番いいと思っているかというと**「自分に素直」ってことなんだよ。**

自分の気持ちに対して素直ということなの。

わかるかい?

そして、**素直さを違う言葉で表すとしたら、「愛」と「光」かな。**

それは、神様が求めているものでもあり、自分に素直でいるとどんどんあふれ出してくるものでもあるんだよ。

人は生まれる前は「男」でも「女」でもなく愛と光でできた魂だったんだよね。

そして生まれてくる時に、今世の課題にぴったり合うように「男」か「女」を選んできたの。なぜ選んできたかというと、そのどちらかの性を通して学んだ方が魂を向上させられるからなんだよ。

男で生まれてきた人は、その方が幸せに気づき、いろんなことを経験しながら魂を向上できるから。

女で生まれてきた人は、その方が幸せに気づき、いろんなことを経験しながら魂を向上できるから。

男（女）の体を持って女（男）の心で生まれてきた人は、そのことでたくさん幸せに気づき、いろんなことを経験しながら魂を向上できる人。

素直に自分のことを受け入れて、その中から幸せを見つけると、魂は本来の輝きを放つようになるんだよ。

Q
02

それは、誰に対して素直でいるかが大切ってことですか？

そういうこと。

世間一般でいう「素直」っていうのは親の言うことを聞くとか、会社の上司の言うことを聞くとかっていう、とにかく他人に対しての素直さなんだよ。

でも、そうやっていると自分じゃない自分ができ上がっちゃうよね。

いつも思うんだけど、人って一つの指紋にしても、体から考え方まで全部違うんだよ。

いや、それどころか、違っていていいんだよ。

同じ兄弟に生まれてきて同じように育てても考え方とかがまったく違うようにね。双子にしたってそうだよ。

そこまで違うのに、**「誰でも成功できる方法」みたいなものがあるとしたら、「自分に素直になること」だと一人さんは思うよ。**

自分に素直になっていると、親の言うことを聞いた方がいいこともあるんだよね。

だけど、それを自分で素直にやってみると間違いだとわかる時もある。

そうしたら、それを素直に直せばいいんだよ。

親のせいだとか、世間が悪いとかっていうヒマがあるなら、いじけたり恨んだりしてないで素直に直す。

結局、全部自分がやっていることなんだからね。

Q 03

自分の人生を生きる上で、いじけたり、悩んだりしているヒマはないってことでしょうか？

まさにそうだよ。

だから、「ああ、この考えは間違いだったんだ」と気づいたら、素直に直す。

いい人だと思ってつき合ったり、素直にその人の言うことを聞いていたら、あとから違うとわかる場合もあるんだよ。気づいたのなら素直にやめればいいんだよ。

素直な気持ちに従って出した答えって、その時は最高の答えなの。

だけど、もっと経験を積んで学んでいくと、もっといい答えが出る時だってあるんだよ。そうしたら、また素直に改めればいいの。

いちいち、あの時はこうだったしな、とか言っているなんて、学ぶ時間がもったいないからね。あいつは嫌なやつだってわかったら、離れればいいの。

その離れ方にしても、文句を言いながら離れるより、「学ばせてくれてありがとう」って、感謝できて離れられれば一番だけど、すぐにそうできないのなら、そんなスマートな離れ方ができる日まで自分の心に素直でいるよう心がけて、いつかスッと離れられるようにすればいいの。

人って、成長しているから、学んでいくと答えも変わってくるんだよ。それも少しずつ少しずつ良くなっていくの。

それを一旦言っちゃったことだからとか、一度やると決めたからとか、みんながいい人だと言っているからとか、あれこれ考えるからおかしくなっちゃうの。

だから、素直に自分の思ったことに耳を傾けてみてください。

みんながいい人と言ったって、自分にとって嫌な人なら、それでいいんだよ。もっと、自分のことを信じて、自分の気持ちも素直に聞くんだよ。

自分の気持ちに耳を傾けていると、素直ってことがどういうことかがわかってくるものなの。

素直さがわかるようになると、この人の言うことなら素直に聞いた方がいいとか、この人の言っていることは素直に聞いちゃいけないってことがわかってくるの。最初からうまくいくことってないよ。でも自分の気持ちに素直になっていれば、直感でわかるようになってくるんだよね。

だから、ほんの少しでいいから、自分の本心を素直に聞いてごらん。
何が好きで、何が嫌いとか。
どんなことが楽しくて、どんなことにイライラしてしまうとか。
どんな人が好きで、どんなところに行きたくて、夢や希望は何なのかとかね。
何だっていいの。**自分の気持ちに素直になると、とにかく楽しいんだよ。**
一人さんは、いつも自分に対して素直に生きてるんです。
だから毎日が楽しい。

みなさんも、きっと楽しくなるから、少しだけで構わないので「自分に素直」になってみてください。

Q 04

「素直さ」を持っている人って どんな人生を送ることができますか？

自分に素直だとね、自分がやりたいことをやるようになるんだよ。

だからって、やりたくないことはやらなくていいって言ってるわけじゃないよ。やりたいことを素直にやっていると、その中にはやりたくないことも含まれているかもしれないけれど、それですら乗り越えられるパワーみたいなのが自然と湧いてきて、ちゃんと乗り越えてしまえるんだ。

だから、そういう人は幸せに決まってしるし、楽しいに決まっているよね。


自分の人生なのに、人のやりたいことばかりやっていて、自分のやりたいことを我慢ばかりしていたら、幸せになるわけがないんだよ。


たとえば、子どもが引きこもりで、お母さんがそれを心配して、家から出られないのですがって相談をよくもらうんだけど、お母さんはお母さんの人生の中で、楽しくて幸せに輝けるようなことを素直にやるべきなんだよ。

引きこもったのは私のせいだとか言って、一緒になって家で悩んでいるより、**ま**

ずはお母さんが自分の心に素直になって、やりたいことをやり出せば、自然と子どもだってやりたいことを見つけるものなんだよ。

間違っても、自分のせいで子どもがそうなったなんて思っちゃダメだよ。

たいてい、そういう相談に来る人って、いいお母さんなんだよ。どんなに忙しくても、子どものことをちゃんと考えたり、一生懸命ご飯をつくったり、掃除したりしてね。

そのことを忘れちゃダメだし、お母さんだって、素直に生きていいんだよ。子どもから教わることだって、時にはあるよね。

子どもを育てるのに間違った育て方をしたと思ったら素直に認め、そこからやり直す、ただそれだけなんだよ。

お母さんというのは、子どもにとっては太陽と同じだから、自分に素直になっていつも輝いていれば、子どもは安心するし、ちゃんと素直な心が育っていくよ。

Q
05

「素直さ」を持てない人はどういう人生になりやすいですか？

人の言うことばかりに素直だと、自分の考えややりたいこと、もっと大きく言えば、今世に生まれてきた理由を見失い、たいがいは、暗くて不幸な人生になるんじゃないかな。

昔いい大学を出て立派な仕事に就いたのに、おかしな連中とつき合って捕まった人がニュースに出ていたんだけどね。あれってさ、不幸だったたんだよ。

自分がその大学や会社に行きたかったんじゃなく、親の言うことを聞いて、その大学入れば御の字で、同じように親の希望する会社に入れば幸せになるって思い込まされていたんだよ。

だけど実際そこに行ってみたら幸せじゃなかったんだよ。

そういう人生を歩むのが「親の幸せ」だったんだよな。

子どもってさ、親に育ててもらううちは、どうしても親の考えが自分の中の基準になるんだよね。

でも、いろんな考えに触れてみて、これは違うぞと考えながら、そうした親の考え方を壊しながら、自分のやりたいこととかを見つけていくんだよ。

その壊す時期を反抗期っていって、それがあった人はまだいいんだけど、真面目で、しかも親の言うことを素直に聞いてばかりだった人だと、成長した時に世間とのギャップにうまく対処できないで壊れてしまう人もいるの。

いわゆる、世間の常識に染まって「こういう生き方だったら幸せ」って思う人もいるけど、**本来は誰一人として、世間と同じじゃなくていいの。**

Q
06

自分自身が幸せを感じていなかったら、結局はうまくいかないのでしょうか？

子どもが「公務員になりたい」って言ったとするよね。本人が本当になりたいのなら、それでいいんだよ。

でも、親の望みだったり、世間体とかで選んだりして、どこか素直に生きられない要素があると、うまくいかなくなるのは当然だよね。


この前も、公務員をやりながらミュージシャンになりたいっていう人が来てさ、話を聞いてみたら、何となく親に言われるままに公務員になったけど、本当はミュージシャンになりたいって言ってるんだよね。

じゃあ、なりなよって言ったら「でも、自分は公務員ですし……」って言い訳ばかりする。


そこで、次に「ミュージシャンでやっていけるのかい？」って聞いたんだけど、それはわからないって言うの。

でもね、**どんなことでもそうなんだけど、やってみなくちゃわからないんだよ。**

もし、ＣＤが売れなかったらとか、ライブに人が集まらなかったらって考えると、怖くて仕方ないって言うんだけど、だったら、素直に改良すればいいの。

ネガティブなことばかり考えていると、そんな人からはお金も人も去っていっちゃうんだよ。

いいかい。どんな時でも、先のことばかり心配すると「素直さ」よりも「恐れ」が心の中に住み着くもんなんだよ。

今目の前にあることを一生懸命やって、とにかく自分の心に素直に行動していると、神様が必ず味方してくれるんだよ。

どんな人でも、何歳の人でも、神様は必ずやり直すチャンスをくれるからね。

自分を信じて素直になってごらん。

Q
07

現代で「素直さ」を持ち続けている大人はどのぐらいいるのでしょうか？

はっきりはわからないな。

でも、日々の疲れなどが原因で、素直さが持てなくなっている人とかは多いだろうね。だから、多分3パーセントぐらいしかいないんじゃないかと思うよ……。

だけど、**素直さっていうのは思い出した時からまた持つことができるし、ずっと持ち続けられるものなんだよ。**

素直さを持ち続けるなんて難しいって人もいるけど、そんなことはないと思うよ。自分で素直さを持ちたいと意識することはもちろん大事だけど、**人って本当は生まれた時からみんな素直さを持っているんだよ。**ただ、それを思い出せないだけなんだよね。

でも、必ず思い出せるから大丈夫だよ。少しだけ意識してごらん。

たとえば、人って好きな人や好きなものに会うと素直さって思い出しやすくなるんだよ。

自分の素直さを取り戻そうと思ったら、まず「自分は人と違うんだ」って思うことから始めてみよう。

自分が死ぬ前に一番食べたいのは、海苔茶漬けなのか、ハンバーグなのか、お寿司なのか。もしくは、自分の好きな花はなんなのか。自分、自分、自分……というように、よく考えてみることなの。もちろん、人と違っていていいんだしね。いや、違ってなかったらおかしいの。同じ場合もあるけど、自分は人と違う、自分はこれが好きでいいんだよ。

「何色が好き？」って聞くと「黄色です」って答える人がいるよね。そして、そうすると、次に答える人も「同じです」って答える人がいるけど、そうじゃなく、「自分の好きな色の黄色です」って答えていいんだよ。

黄色を好きになった理由はみんな違うんだしね。だから、同じものはないんだよ。好きの度合いにしても、どのぐらい好きかって人によって違うしね。

ちょっと好きなのか、たくさん好きなのか……。そう考えると、同じものは絶対にないんだよ。

だから、自分と人は、同じじゃないってところから始めてみるといいだろうね。

そして、**素直さを取り戻したかったら、まず自分の好きなことから考えてみようってこと。**

それならすぐできるだろうし、どこにいたってできるだろう？

「死ぬ前に何が食べたい？」って質問をするとして、どうしてここで〝死ぬ前に〟ってつけるかというと、素直に答えることが慣れてない人って、変なこと言っちゃいけないっていう気持ちから、思わず高級なものを口走ってしまうとか、自分の本当の気持ちを素直に言えない人がいるからなんだよ。

でも、そこで「死ぬ前に一個だけね」と言うと、不思議とその人の食べたいものを言えるんだよね。

それこそが「素直」っていうんだよ。

この前、食事しに行ったお店で、そこのマスターとアルバイトの高校生にその質問をしたんだよ。

そしたら、その高校生の女の子が「お母さんのつくったお味噌汁！」って即答したからすんごく感動したんだけど、その答えを聞いたら、お母さんはさぞ喜ぶだろうなぁって思ったよ。

そういうことって、なかなか家族に言わないし、お母さんだって、まさか毎日自分がつくっているお味噌汁を子どもが大好きなんて、思いもよらないよね。

でも、**そういうことって、素直に伝えてあげるといいよね。**

言った人も言われた人も幸せになる言葉だったら、生きているうちに素直に口に出して伝えた方がいい人生になるだろうしね。

Q
08

ちなみに、一人さんは死ぬ前に何が食べたいですか？

永谷園の海苔茶漬け。

第1章

「素直さ」を発揮していかないと損をする時代

Q 09

現代では「素直さ」を見失いがちですが、一人さんにとって、今はどんな時代に映っているのでしょうか？

これからは**「魂の時代」**だから、だんだんと「自分」を取り戻すようになっていくね。今までは、個性というのがなかなか出せない時代だったの。だけど、**これからは個性の時代。**

物質的なことを大事にするよりも、魂を大事にする時代とも言えるね。

だからといって、物質はいらないっていうことじゃないよ。

物質は掃いて捨てるほどあるから、物を求めるより、少しずつだけど心や魂が喜ぶようなことを求める時代になっていくね。

物から心、魂の時代に変化しているんだね。

また、そういうことが理解できる人たちがどんどん生まれてくる時代になってきたね。

Q 10

物質的なことを幸せ、もしくは大事と思って生きてきた人たちはどうすればいいでしょうか？

何も心配いらないね。

魂の時代のことを学びたいって人もいれば、それを受け入れられない人もいる。

それでもうまくいくようになっているんだよ。

だから、魂の時代の生き方を学びたい人も、興味のない人も、自分の心に素直に従えばいいんだよ。

人は亡くなっても、魂は無くならないからね。


魂の時代が信じられない人も、次生まれ変わってくるときには魂の時代が当たり前の世の中に生まれてきて、きっと魂の勉強をしているだろうから、まったく心配いらないの。

それに、**時代の変化の波に対しても素直に流されていれば、自然と時代に合った方にちゃんと進んでいくから大丈夫ってことだよ。**覚えておいてね。

Q
11

魂の時代にあって、人はなぜ本来の「素直さ」を見失うことがあるのでしょうか？

見失うというより、周りから見ると見失っているように見える人でも、本人の魂はそのことを学びたがっているだけなんだよ。要するに、人に言うことを聞かせようとしている人からすれば、聞かない人は素直じゃないって映るだけなの。

でも魂的に見ると、「自分はこういうことをしたい」って言い出すこと自体が素直になってる証拠なの。

一昔前は、親の言うことを聞くこと、要するに扱いやすい子のことを「素直な子」って呼んだの。

でも、**これからは、幸せに向かって素直に生きている子を「素直」っていうんだよ。**

素直さの意味自体が「相手から自分」というように変わってきているんだね。

じゃあ、自分の心に素直になって働きたくない、学校行きたくないって子はどうなのかっていうと、行かないとどうなるかを本人が素直に学べばいいだけなの。

そんなふうに思う人たちにとって、ようやく魂の経験ができる環境が整ったというのが現代なんだよね。

この家族で、この環境で、この場所で魂のことを学ぶんだっていうね。

これからは、素直さの意味自体が変わっていくわけ。

これまでは、親とか目上の人に対して素直かどうかが問われる時代だったんだよね。

でも、**ここからは自分に素直ということを学ぶ時代なの。**

一人さんは、中学も行きたくなくて、ろくに通わなかったの。**まさに「自分に素直」に生きていたんだよね。**

でも、だから成功しちゃうの。


それにしても、うちのお袋はすごかったよ。

学歴が大事、親の言うことを聞くのが当然って時代に、学校に行かない一人さんに「僕ちゃんは学校向きじゃないんだよ。きっと社会に出たら出世するよ」って言って、一人さんの素直さを信じてくれたんだから。

そんなふうに、自分に素直で働き者に産んでくれたお袋に感謝しているの。

Q 12

「素直さ」を失わないようにするには、どういうことに気をつけるべきですか？

一度失ってみて、大切なことに気づくこともあるから、失わないようにすることばかりがいいこととは限らないんだよね。

人はそれぞれ学び方が違うから、無くしてから大切さを学ぶ人と、無くならないように大切さを学ぶ人がいてもいいんだよ。


ただ忘れて欲しくないのは、**自分は「愛と光」なんだってこと。**


人と自分は違うんだってことがわかったら、今度は自分は「愛と光」なんだってことに気づくといいの。

こんなことを言うと、おかしいっていう人もいるかもしれないけど、「いや、その通りだ」っていう人が増えてくる時代が魂の時代というわけなの。

たとえば、この手の話を絶対に信じない人っているじゃない。もちろんいてもいいんだけど、絶対に信じないではなくて「そうなの？」って素直に聞く耳もこれからは少しずつ持った方が、その人の幸せにつながっていくよね。

だけど、持てない人って絶対に持てないの。そういう人は持てなくて幸せなんだね。

でも、そういう人も時が来ればちゃんと持てるようになるから。それは来世かもしれないし、再来世かもしれないけど、ちゃんと学べる時が来るから大丈夫なんだよ。

別にこれは宗教的な話じゃないんだけど、私たちの本当の親というのは神様なんだよね。

そして自分たちは魂の成長のために生まれてくるんだということを忘れなければ、悪い方向に行くようなことってないんだよ。

好きなことしていいからといって、人をいじめるとか、迷惑かけるとかってことは滅多にしないもんだよ。

もし、好きなことをしていいなら、あの人に意地悪をしますとか、迷惑かけたいですって人がいたら、その人はおかしい人だよね。

魂が成長する時代に、そんなことしたいって、おかしいじゃない。

そういう人間がいたら、もう離れるしかないね。離れて自分は素直に生きるしかないよね。

まず、そういう次元の人は、こういう本を読まないけどね（笑）。

きっと、この本を手に取ってくれた人は、魂を向上させたてくて手に取ったはずなの。

もう、それだけで素直ってことだし、とっても素晴らしいよ。

Q
13

子どもの「素直さ」を維持するために親ができることってありますか？

「失敗する自由」ってものを認めてあげることだね。

失敗することって、それ自体が学びだから。

それなのに、とにかく失敗させないようにする親が多いよね。

親が口出ししすぎたり、心配しすぎたりすると、子どもは自分の考えや意見が素直に言えなくなって、そこから学べなくなってしまうんだよ。


それと、親自身も素直になることだね。

今、過干渉の人と、過保護な親が増えているよね。

親が「子どもを素直な子に育てたい」というのは、「親の言うことを素直に聞く子にしたい」ということを素直に育てるって思い違いをしているんだけど、それって親の「エゴ」だし、素直ってことをはき違えているってことだよね。


だから、子どもに勉強させたいのだったら、親自身がすればいい。宿題でも何でも親が自分に課してやってみればいい。

するとね、本当に勉強が必要かどうかわかるから。

自分も嫌なことを、子どもに大事だからやりなさいっていうのはおかしいよね。大事だからやりなさいっていうのは、世間一般の考えなんだよ。

いい学校に行って、いい大学に入って……もし、それが子どもが素直にそうしたいならいいと思うの。

そうしたい子は、親が何も言わなくたって素直に勉強するしね。

でも、もしそうじゃないならば、その子は大工やコックになりたいかもしれない。本人の望むものは、まるで違うんだよ。

勉強は嫌いだけど、鉄道のことなら何でも覚えられて、将来鉄道関係の仕事に就きたいとか、野球が好きだから、野球選手になりたいとかね。

よく、野球をやるなら勉強も両立しなさいっていう人いるけど、なかなか両立なんてできないよ。

一つできたら、それで十分すごいことだからね。両立しようとするから、苦しくなってどっちもあきらめちゃうんだよ。

あれもこれもって求めて、自分をいじめるのはダメだからね。

お父さんやお母さんは、子どもが経験していることを褒めてあげるだけでいいの。

たとえ失敗したとしても許してあげるの。そこから学んで、また立ち上がるのを信じてあげればいいんだよ。


それと、子どもが望むものが変わったなら、それでもいいの。

一番よくないのは、パイロットになりたいって言ってた子どもが、しばらくして競輪選手になりたいって言い出した時に「この前はパイロットって言っていたのに」っていうことなんだよ。

子どもっていうのは変わりやすいものなの。

それを、一回言ったことは最後までやりなさいとかっていうのは無理なんだよ。

もし、そんなことを言われたら、次やりたいことが出てきても素直に言えないような子に育ってしまうよね。

結婚も同じだよね。

この人と結婚したいって思ってしてみたら、何か違っていて別れたいと思うこともあるの。

別れるのが正しいって言っているわけではないんだけど、別れたいのに一緒にいる必要はないし、別れたくないのを別れる必要もないよね。

それは、その人たちが決めることだし、学ぶことでもあるから。

それを周りが「子どもがかわいそうだ」とか「我慢しなさい」っていうものじゃないの。


我慢からは恨みしか出てこないし、素直に生きてない親を見て、子どもが素直に生きられるかっていえば、そうはならないよね。


これは一人さんの考えだから、全員が全員当てはまるわけではないけどね。

だけど、**どんな時でも自分の心に素直になることって大事だよ。**

世間が正しいとか、どっちが正しいってことを決めることではないの。
今の時代は貧しかった頃と違って、夫婦が別れても食べていけるんだよ。
離婚前より豊かになる人だっているしね。
だから、当人たちが自由に選ぶべきなの。

お母さんやお父さんが素直に生き、子どもも素直に生きられたら幸せだよね。
世間や親の正しさに従わせるように育てるより、自分の心に素直に生きる勉強をするよう子どもに教えられるお父さん、お母さんでいてほしいよね。

Q

14

自分に素直ということは、ともするとわがままにはならないでしょうか？

ならないよ。

素直でいるんだよとか、好きなことするんだよって教えると、必ず「わがままになりませんか？」、「周囲に迷惑をかけませんか？」とか聞く人がいるんだけど。

でも、本当に素直な気持ちでやろうとすることで、人を苦しめることってあるのかな？

わがままになってしまうほど、素直だっていうことにしても、それって自分の本当の気持ちかな？

ありえないよね。


あまりにも自分に厳しくしてきた人って、よくそういうことを言い出すんだけど、もっと幸せに対して素直に生きてもらいたいな。

自分に素直に生きるとね、他人もちゃんと認めることができて、「みんな、やりたいことをやっているんだなぁ」って理解できるようになるんだよ。

自分にやりたいことがあるように、隣にいる人にもやりたいことがあり、それをちゃんと認めた上でやりたいことをやるようになるから、他人にダメ出ししたり、批判したりはしないの。

自分も尊重するけど、相手も尊重するようになるの。

自分の考えだけが正しくて、それを主張したら、誰かが我慢することになると思っているのかもしれないけど、そんなことにはないんだよ。昔ならそうだったかもしれないけど、この時代は魂の時代だから、もうそうじゃないの。

そう考えると、人生の輝き方も、輝く時期も人それぞれでいいってことになるの。

自分に素直に生きて、自分のできることで世の中の役に立って、それぞれが輝く、そういうことなんだよ。

楽しい時代になってきたよね。ワクワクするよね。

だから、いいかい？　素直になるってことは、わがままになることではないって、しっかり頭に入れておくんだよ。

Q
15

自分に素直であるという人は生きづらくなったりはしないのでしょうか?

質問の意味って、こういうことなんじゃないかな？

これが嫌いだとか、あれはやりたくないとかって、嫌なことをやらないで、自分に素直に好きなことだけやって生きていると、だんだん生きづらくなって、うまくいかなくなるんじゃないかってことでしょう？

でもね、うまくいかないときは、うまくいかないんだってことが素直にわかれば、それでいいんだよ。

そして、うまくいくにはどうすればいいかをそこからまた素直に学ぶだけなの。

ただ、生きづらいっていうのは、結局のところ、素直じゃないからなんだよね。

人はこの世に、魂を向上させるために生まれて来ているんだよ。

だから魂を向上させるにはどうしたらいいかって考えるんだけど、人って完璧じゃないから時々間違うこともあるの。

誰かが間違ったとしても、「学ぶなんて、偉いね」ってその人を許してあげないといけないの。

よく「ほれ、みなさい」だとか「だから言わないこっちゃない」とか言って、そういうことで優位に立とうとする人がいるけど、**それってもはや愛じゃないよね。**「私に従いなさい」って主導権争いになっているだけだよ。

夫婦でもなんでも、うまくいかなくなるのは、必ずどちらかが上とか、従わせようとして主導権争いをするからなの。

争いって、愛じゃないよね。

昔は、女が男より下だって決めつけてうまくいってた時代があったんだよ。

でも現代は、女は女の、男は男の魂として、それぞれが学ぶ時代になっているから、女だからって男に従うべきだなんて言えない時代なんだよね。

それって要するに、どっちが上とか下とかってことじゃなく、**互いに励まし合い、助け合いながら魂が成長していく過程が一番素晴らしいってことなの。**

そういう時代では、誰一人として犠牲者にならないっていう生き方が正しいし、そういう考え方が当たり前の時代になってきたんだよね。

現代では、学びの過程が一時代前までの人とごちゃごちゃに混ざっていて、いろんな意見が入り混じっているわけだけど、誰かのために誰かが犠牲になるなんて、もうそんな必要のない時代なの。

だから素直に、楽しく生きていいんだよ。

Q

16

現在の自分に、「素直さ」がどれだけ残っているか測る手立てはありますか？

自分に優しく、人に優しくできるかどうかだな。

自分を尊重し、人も尊重できるか、別の言い方をすると、人という本来不完全な存在である相手に、自分の苦手なことをやってもらって感謝ができるかどうか、さらには、これまた不完全な存在である自分が、何か得意なことを誰かにやってあげて感謝してもらえるかということだね。

世の中って、お互いそうやって愛を学ぶようになっているんだけどね。

だから、自分に対しても、人に対してもそんな不完全さを許すことができるかどうかってことが大事だね。それには、**どんな時も愛を持って許すことができているかどうかを考えてみるといいね。**

できないことって誰にでもあるからね。

それを人にやってもらった時に感謝ができるかどうか。

もし感謝できるのであれば、そういった感謝の気持ちがあること自体が素直さを持っているということだよね。

よく「素直になると狡猾《こうかつ》な人に騙されませんか？」って聞いてくる人がいるんだけど、それは狡猾な人の意見を素直に聞くからだよね。

それよりも、あなたはあなたの考えに素直に従えばいい。

狡猾な人に騙されたらそれはそれで学んだだけってことだよ。

学ぶとそういうのには二度と騙されなくなるからね。

騙された時っていうものは、その素直は「他人に素直だった」ってことなの。だから騙されちゃうんだよね。

人は本来、自分に素直になった時だけ、狡猾な人がちゃんと狡猾に映るものなの。

それは直感でもあるんだよ。

もし、狡猾な人が直感でいい人に思えたなら、その直感が悪いわけだから、その直感を磨くしかないってことなんだよ。

そのためには、痛い目に遭った時にちゃんと学ぶこと。

直感ってどこに行ったって売ってないじゃない？
だったら、自分で磨いていくしかないよね（笑）。

魂って、本来それ自体が素直なものだから、素直さが心に残っているかどうかというより、最初から存在しているものなんだよね。

もし自分に素直さがないと思うのであれば、きっと忘れているか、奥にしまってあるだけだから、心配しなくても大丈夫だよ。

第2章

あなた本来の「素直さ」を取り戻すために

Q
17

実際に、「素直さ」を取り戻すためには どんなことを学べばいいですか？

自分はこういうことがしたい、そして、あなたは何がしたい？　っていうように、相手のことも自分と同じように考えられるかどうかなんだよね。

それから、いつも一人さんが言うように、**自分が現在やっていることや、話している言葉に「愛」があるかどうかと考えてみるといいよね。**

わがままで、嫌われてしまうのは、やっていることや使っている言葉に「愛」がないからなんだよ。

あなたの言動に愛があるか、ないかの違いなの。

わかるかな？

それさえ気をつければ、大抵のことはうまくいくんだよ。

素直さを取り戻すっていっても、本来あなたの心の中に必ずあるものだしね。

それとね、人と自分は違うんだってこともわかった方がいいの。

他人と自分を比べることをやめるの。

同じ人っていないんだよ。

目だって、鼻だって、指紋だって違うしＤＮＡも全部違う。一つも同じものってないんだよ。


幸せになりたいならば、これから先は、自主性を持たなければ幸せにならないよ。

自主性って、とても大事になってくるの。

人まかせっていうのは、20世紀で終わったんだよ。


昔はね、家老の家に生まれると、家老になるって決まっていたから、親の言うことを聞いて、家老という型にはめられてそうなる時代だったんだよ。

だけど、今は時代が変わって、魂も変わったから、親よりも自分に素直になって自分で生き方を決める時代に誰もが生きているの。

そこでは高級なお肉より、安いお肉の方が美味しいっていう人もいる。それはもう、個人の自由なの。高いお肉が心から好きなら、その人はそれでいいんだよ。

それがダメっていう話じゃないの。**あなたのその意見は、「本当に自分の意見ですか?」って言っているだけなの。自分の意見なら問題ないの。**

そこで、安いお肉が美味しいって言っている人に、それは違うとか、こっちの意見に従うべきだっていうのは、よくないよね。


魂の時代っていうのは、自分本位の時代ってことなの。

だって、魂にしても人それぞれで、全部違うんだから。

少し前の時代までは、貧しくて食べるのもままならない時代だったから、みんな我慢して周囲に合わせていたんだよ。

自分だけ勝手なことを考えちゃいけないとかね。

だけど、今は豊かになったから、自由にしていいの。


たとえばだけど、池の水が干上がってくると、そこにいる魚たちは、みんな近くに集まってくるんだよ。

そして、しまいにみんな口から泡を吹いて、その泡の中に隠れようとするんだよ。乾燥しないように、みんなで命を守るんだね。

助け合いってそういうもんなんだよ。

ところが、水が満ちてきて、また池が戻るようになると、深く潜る魚も出てくれば跳ねるようになる魚も出てくるの。

それぞれが自由になって泳ぎ出すんだよ。

豊かになるってことは、そういうことなんだよ。


みんな同じという時代が終わって、これからは、もう違う時代なんだよ。

非常時のケースは、すでに学んでいるから、地震が来てもすぐに助け合えるんだよ。そういうのはもう経験してきているからね。

だから、これから学ばなきゃいけないのは、それぞれが幸せになるっていう「魂の時代」が来たってことを理解することだよ。

地震があると、地震に対する対策や行動ができるのは、もうみんな学んでいることだからだよ。

それはこれまで何千年もかけて学んだことなの。

これから学ぶべきことは、私は幸せになる、あなたも幸せになれる、ということなんだよ。私には私の考えがあり、あなたにはあなたの考えがあるってことなの。

わかるかい？

夫婦になって、「俺が幸せにしてやるよ」って言ったところで、そんなのできないよって話なの。

たとえ夫婦っていっても、幸せの価値観て違うしね。

自分のことは自分で幸せにすればいいの。素直になってみるとできるんだよ。

あなたの魂は、もうその方法がわかっているからね。

Q
18

今までの行動や行為の中で、
自分は「無理をしている」と感じたら
どうすればいいですか？

そう思ったらすぐやめるの。もっと自分に素直になってみて、また次にいい答えを探してみればいいんだよ。何回だって挑戦すればいいんだしね。

「まいった」って言わなければ、人っていつまでだって挑戦できるんだから。

そのためには無理だと思うことをいつまでもやってないで、さっさと次の手を考えて前に進めばいいの。

よくね、やめたいけど、やめられないんですっていう人がいるんだけど、そういう人はやめなきゃいいの。

やめないとどうなるかがわかるから、それでも学びになるの。やめないとどうなるかを、素直に学べばいいんだよ。

もしかしたら、やめない人の方が正しいのかもしれない。

それで成功するかもしれない。

要は、やってみなきゃわからないってことだね。

Q 19

一人さんご自身が、「素直さ」のために気をつけていることってありますか？

とにかく自分に素直でいることだね。

それと、**自分の話す言葉や、行動、それから顔に愛があるだろうかって、いつも気をつけているね。**

気をつけているっていっても、いつもそれを考えているわけじゃないよ。

でも「自分はどうだろう?」って二日に一回とか、三日に一回ぐらいは考えるかな。

できるようになればなるほど、そんなことを考えなくもなるし、当たり前にできるようになっていくからね。


人を見ていても、素敵な言葉を話したり、行動が素晴らしかったり、素敵な笑顔の人に会って、自分も取り入れたいって思ったら、素直に学ぶようにしているよ。

そう思って見ていると、世の中って素敵な人であふれているし、自分の学びになる、素敵な愛のお手本みたいな人っているもんだよね。

Q
20

素直になりすぎて、逆にまずいってことはありますか？

まずいって、ちょっと素直さを勘違いしていると思うんだけど、**素直っていうのは自分を大切にして、相手を大切にするってことなんだよ。**

愛のある行動も、言葉も、笑顔も同じだよ。

だから素直になりすぎて困るなんてことは絶対にないんだよ。

じゃあ、自分の気持ちに素直になって浮気してもいいんですかっていう人がいるんだけど、浮気する人はするし、しない人はしないんだよね。

そこで、みんながするからする、しないからしないっていうのは、もう「みんな論」なの。

人それぞれ違うんだよね。

学びも違うし、素直さの度合いみたいなものだって、違っていていいの。

魂が素直に問題から学んで、向上していけば、それでいいんだよ。

Q
21

仕事とプライベート、どちらでも「素直さ」を大切にしていいのでしょうか？

いいと思うよ。

ただあくまでも「自分に素直」ってことが大切だよ。

仕事だろうとプライベートだろうと、愛がある方がうまくいくに決まっているんだよ。

愛がある時っていうのは恐れがないからね。愛がないときは不安で仕方ないの。暗くて不安になるの。それでうまくいくことなんて一つもないんだよ。

恐れでいっぱいだと、ミスしなくていいところでミスをしたり、自分を責めるようなことばかり考えたり、いつまで経っても負のオーラから抜けられないんだよね。

そういうときは、自分に対する素直さが足りない時なの。

最近、愛のある言葉を話しているかな、愛のある行動をしているかな、愛のある笑顔をしているかなって考えて、できることから愛を表現していくといいよね。

素直になると「仕事も行かなくなってしまうかも」っていう人がいるけど、本当に愛があるなら、そんなことはしないだろうし、万が一そんなことをしていたら、ご飯が食べられなくなるし、お腹も空いて、ますます働きに行けなくなるだけだよね。

働かないでいれば、お給料も入ってこなくなる。

それは困るってところまで行ったのなら、そこから素直に働きに行けばいいんだけどね。

Q
22

人に従順であることと、
自分に素直であることとの
最大の違いはどこにあるのでしょうか？

「みんな素直に生きろ」って言うと、「人の言うことを素直に聞きなよ」って思ってしまう人が多いみたいなんだけどね。やっぱりそうじゃないんだよ。

何度も話しているように、自分の気持ちに素直でいることが大事ということなの。

でも、人の意見を聞いていちゃいけないってことじゃないんだよ。

この考えは「いいな」とか「ああ、その通りだ」っていうような、つまり自分が素直に共感できたことならやってもいいの。反対に、この人が言っていることは違うなって思って、鵜呑みにしないってことも素直ってことだよね。

だから人の言うことを何でも聞くってことより、**自分で考えることが大事だよね。**

よく何でもかんでも人に聞く人っているけど、最後にどうするかを決めるのは自分だからね。

失敗や間違いを恐れるあまり、人に聞いてばかりだと、魂はそこから先何も学ばなくなってしまうよ。

それと、人の言うことを素直に聞いて、それが間違っていた場合に、相手を恨んだり、責めたりする人っているよね。

どっちにしても、結局自分に素直じゃなかったから、相手のせいにしているだけだよね。


自分に素直になって選んだ方法が、間違っている、そういうこともあるの。

でも、そういうときは、また素直に改良すればいいだけなんだよね。

そう考えると、**素直の反対ってウソなのかもしれないな。**

自分の本心に偽っているってことだから。

本当は「嫌だなぁ」と思っているのに、「はい！」って言ってばかりいると、だんだん辛くなってしまうよね。


これまでの「素直さ」ってものは、上から言われたことに素直に従うことだったんだけど、これからの時代は「自分に素直」が一番いいよね。

Q 23

遠慮がちだった人が素直になり、思ったことを口に出してもいいのでしょうか？

そうするとどうなるかを人は学びに生まれて来ているんだから、やってみるしかないんだけど、少し前にも言ったように、**口に出す言葉に愛があるかどうかを、ちゃんと考えて出してみるといいよね。**

その場合は、素直さから学べることがいっぱいあると思うよ。

出した言葉に、トゲや毒があったりすると、結局は自分がそのトゲに刺さったり、毒が自分に回ったりして、苦しむことになるしね。

そうならないためにも、あくまで自分の言葉に愛があるかどうかを考えるべきだね。

自分に素直って、本来楽しくて、幸せなことなんだよ。

そういう楽しい時や幸せな時に、毒のある言葉や、トゲのある言葉なんか、出てこないはずだよね。

世の中には、愛のある言葉や美しい言葉っていっぱいあるから、探してみるといいよ。

それだけでも楽しいから。

よく「あの人は毒舌で、ズバズバ言いたいことを言うけど、ちゃんとしたことを言ってくれる」とかを聞いたりするけど、それは違うよね。

それなら、もっと綺麗な言葉を使った方が、言っている本人も聞いている人も幸せになれるはずだよね。

ちゃんとしたことを言うって、そこまで素晴らしい意見が言えるんなら、愛を持ってしゃべった方がいい。

人に対してばかりじゃなく、自分にダメ出ししたりする人もそうだよ。

自分に対して、魂ってものは、そんなことをしたくないはずなの。

素直に考えてごらん。**人から怒られたりダメ出しされたり、責められて良くなるのなら、もうとっくにそうなっているよね。**

それよりも、自分にだって素直に愛のある言葉をかけてあげれば、魂は輝き出すよ。

のびのびと、本来の自分らしさを発揮できるようになるし、明るくだってなれるよね。

そうなると、もっと楽に、素直に生きられるよ。

Q
24

素直でいると人間関係は変わりますか？

自分に素直でいると、とにかく楽しくなるし、幸せになれるよね。
そうなると、周囲への感謝の気持ちも湧くし、人にももっと優しくなれるよ。
やってみると、わかるよ。
こんなに幸せなことはないんだってわかる。

人のせいにしたりすることもなくなるし、自分を責めたりもしなくなるよね。
起こったことは全部自分の魂の成長のためなんだってわかってくるし、そこから
いろんなことに挑戦したくなるんだよね。
他人が挑戦していることも素直に認めてあげたくなるし、理解してあげたくなる。
自分に愛を持って接することができれば、人にも愛を持って接することができる。
やっぱり人間関係がうまくいかない人って、どこかで我慢をしている。
自分に素直じゃなかったり、人の言うことばかりを聞いていたりね。

そういう嫌なことを我慢してばかりだと、会話でも嫌な言葉を使ってしまうし、

人からも煙たがられる。

我慢ばかりって、顔とか言葉の端々に必ず出てくるんだよ。

全員じゃないけどね。顔の肌が荒れる時っていうのは、世間に恨みがあったり、嫌いな人がいたりで、ブツブツ文句を言っていると、本当に荒れてきちゃうの。

それは体に毒みたいなのが溜まっていくのと一緒で、肌から吹き出してきているんだよね。

それだと肌もくすみ出すよね。


反対に、自分に素直に生きて、話す言葉にも愛があると、肌は綺麗になるし、白くて明るくなっていくんだよ。その上、自分に素直だと、同じように素直に生きていて素敵な人が周りに集まってくるよ。

そして、そういう人たちからは素敵なところを学べるだろうし、さらにそこから素直さを輝かせることもできる。

素敵な人生の始まりだよね。

第3章

「素直さ」を持った人ができること、やったこと

Q 25

「素直さ」があると強く生きられるのでしょうか？

自分の言うことに愛があるか、いつも笑顔でいられるかをしっかり意識していると、自然とうまくいっちゃうの。**あとは自主性が大事だよね。**

自分の人生は、自分が選んだ、自分が主役の人生というわけなの。

一人ひとりが全員違うし、違っていてもいいの。

でも、自分で選んだ人生なんだから、文句を言っても仕方ないし、自分で責任を取るしかないの。

だから、自分のために顔晴るってことだよね。

素直に生きるのなら、恨みがましいことなんて言ってちゃダメなんだよ。

どこかで間違ったとしても、それは自分の責任なの。

たとえば、お金を貸してくれって親戚が来た時に、貸したくないけど、親戚だから貸してあげなくちゃいけない……ということを考える必要なんてなくて、貸してあげたいから貸すでいいわけで、そう自分で決めたのなら、お金がもう返ってこなくてもいいと思うだけなの。

親戚だから貸すとか、世間からどう思われるかとかじゃなく、自分が貸したいか貸したくないかだけなの。

そうやって、自分の気持ちに素直に従っている人は、たとえお金が返ってこなくても後悔をしないものなんだよね。

つまり、愚痴や、恨みや、しつこさが出るのは自主性がないわけなの。

本当は自分は嫌だったって言うのは、ただ問題に執着しているだけなの。

何を言っているのかというと、**いつまでもそんなことをやっていると仕事もうまくいかないし、周りにいい人がいなくなるってこと**。

この本を手にしている人は、魂が成長段階にあるんだから、とにかく自分に素直になって欲しいの。

素直に生きて、楽しい幸せな毎日を過ごして欲しいの。

あなたなら、きっとそれができるから。

Q 26

「素直さ」を根底に持って生きると、どんな成功がもたらされますか？

素直さが発揮できれば、明るい人生になって、道が拓けてくるよ。魂の成長につながる学びもできるしね。

世間だけじゃなく、天も味方してくれるような素晴らしい人生になるよ。

成功ってね、人によって違うんだよね。

平凡に暮らしたいと願う人は、平凡に暮らすことが成功だし、億万長者になりたいと願う人は、億万長者になることが成功なんだよね。

一人さんが言いたいのは、**思ったり願ったりしたのなら、神様はその道を用意してくれているんだから、一歩踏み出すってことを素直にしてごらんよってことなんだよ。**

成功したいと思ったり願ったりしただけで、何もしたくありませんって行動しなかったら、せっかく神様が用意してくれた道も無駄になってしまうよね。

行動って、自分がするしかないんだよ。

できることからでいいから素直にやってみると、楽しくなって加速して、思っているより早く願いがかなうもんなんだよ。

願いに対して、せっかく神様が道をつくってくれたのに、今はやりたくないとか文句を言っていると、その不平不満自体が願いとなり、それに見合った大変な道が用意されるよ。

神様は、人が素直に願った通りの道を用意してくれるからね。

幸せになりたかったら、そうなりたいと素直に願い、行動すればいいんだよ。できないことをやれって言ってるんじゃないよ。できることを、行動するだけなの。

いい笑顔ができるなら、その笑顔でもって自分が願った道の一歩を踏み出すの。愛のある言葉が使えるなら、愛のある言葉で同じように一歩を踏み出すの。

いいかい？

自分で考えて何かを決めたのなら、そこには成功の道ができるんだから、素直に進んでごらん。

あなたならなら大丈夫。

Q
27

一人さんご自身の、「素直さ」の賜物だと言えるエピソードはありますか？

信じてくれっていうのは無理なんだけど、一人さんの場合、あまり考え事をしてないんだよね。

商品でも何でも、考えたりとか開発したりとかしてない。

ある日、突然ポンとひらめきが起きるんだよね。

普通ひらめきってさ、考え抜いてトイレに行った時とか、タバコを吸ってる時とかにポンと出るっていうけど、一人さんの場合は、考えなくともひらめくんだよね。

自分に素直に生きていると、神様からのプレゼントとして、ひらめきが起こるって、勝手に解釈してるんだけどね。

成功したいって心から願って、一歩ずつ踏み出して行動して来た……それが一人さんの成功の秘訣だね。

だから、納税額の日本一になったときも、楽しみながらなったんだよね。

それと、素直って、自分に素直なことだと知っていたこと。

自分に素直に生きることが、幸せなことだと知っていたこと。
素直さがどれだけ自分を幸せに導くかを知っていたこと。
それで素直に生きられたことが良かったんだね。

Q 28

一人さんの周囲で、「素直さ」を獲得してそこから人生が変わった人はいますか？

一人さんのお弟子さんの銀座まるかんの社長たちと、高津りえ先生だね。

この人たちって、誰一人として、一人さんと同じようにしようとしなかったんだよね。

もっとも、人の言うことばかり聞いて、本当は自分がそう思っていないのに我慢して成功した人なんていないんじゃないのかな？

一人さんのお弟子さんにしたって、一人さんが言ったことに無理して従ったんじゃないんだよ。

自分に素直に、一人さんの言ってることを実践してみたんだよね。そうしたら成功したの。

嫌々ながらやった人なんて一人もいないし、弟子が嫌がることをやらせるのって、もう師匠じゃないよね。

弟子に我慢させたり、嫌なことをやらせたり、知ってることを教えなかったり。

それって師匠じゃなくて、いじめっ子だよね。

一人さんは、そもそも、彼らのことを弟子だなんて思ってないんだよ。

みんながそう言うから、弟子と師匠ってことになっているけど、一人さんは仲間だと思っているの。

この世に魂を磨きに来た大切な仲間だと思っているから、一緒に前進したいの。

この人といると楽しいとか、愛があるなっていう人にはついて行きたくなるじゃない。

上に言われたからとか、この人といると得だからってついて行くんじゃないんだよね。

自分に素直に「この人だ！」って思ったから、ついて行くんだよね。

Q 29

「素直さ」を持って仕事をすると、どうなりますか？

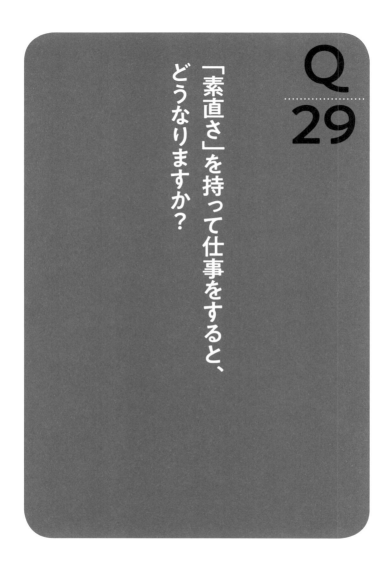

仕事って、本来面白いものだって、一人さんは思っているんだよね。

でも、仕事は辛いって思っている人も世の中にはいるよね。

そういう人は、何をどうやろうとも面白いって思えないかもしれないよね。


よく考えてごらん。

仕事って一日だいたい8時間ぐらいするよね。

面白いと思う人は8時間楽しめて、辛いと思う人は8時間嫌な時間を過ごすんだよね。どっちの方が実際幸せになれるかな？

一日8時間楽しく過ごすか、嫌々過ごすか。


嫌なことって、たまに起こったりするよね。

でも、そういうのでも「面白いな、この問題を解決して、魂がもっと向上できるって楽しいな」って思えたとき、嫌な時間は消えていくよね。

一人さんもそうだけど、一人さんの弟子は、みんな仕事が好きなんだよ。

一人さんがずっと仕事に惚れていられるのは、仕事って年を取らないからだし、死なないからなんだよ。


自分がいなくなっても、仕事って無くならないで残っているんだよ。

それに、仕事ってつねに新鮮でもあるんだよね。

経営者が年をとっても、仕事は老けないんだよ。

仕事に合わせて働く人があまり老けないというのは、そもそも仕事が若いってことなんだよ。

たとえば、若い人たちとつき合っていると、自分まで若い気持ちになるようにね。

仕事って、常に最先端なものなんだよ。

毎日生まれ変わるから面白いんだ。

新しいものだから、誰も全部はわからないんだよ。

だから難しいということではなく、わからないから、それに果敢に挑戦できる、そこがまた楽しいってことなんだよ。

仕事って勉強と違うから、答えなんてないよね。

こうするとどうなるかなんてわからない。そもそも、新しいものに答えなんかないんだ。答えがあるものは、もう済んだもの。

つまり、一人さんはいつも新しいものに果敢に挑戦しているんだよね。

難しいことなんてまったくないの。

難しく考えているだけ。

「面白いな」って思って、仕事に挑戦してごらん。

あなたならできるよ。

Q 30

「素直さ」を意識して成功したのと、そうでないのとではその後に違いが生じますか？

違いが生じるも生じないも、そもそも成功できないんじゃないのかな？

もし成功したとしても、周りに嫌われているとか、上手くいかないことがつきまとうとかね。


お金は持てたけど、友達がいないとか、幸せを感じないとか。

そして、それを成功とは呼ばないんじゃないかな。


すべてバランス良くっていうのも無理かもしれないけど、どちらかに偏り過ぎるのも良くないよね。

お金を持っていても、人から嫌われたら寂しいよね。

じゃあ、お金も持って、人から好かれるにはどうしたらいいか考えてみるんだよ。

愛のある言葉を話すとか、いいお金の使い方をするとかね。

せっかく成功したんだから、もう少しいい欲を持って、素敵な成功者になろうと挑戦してみると、魂はそこからまた成長するよね。

一つできたら、また素直にもう一つ挑戦してみる。

そしてできたら、また一つ挑戦する。

そうやって、幸せの階段を一段ずつ登っていくんだよ。

行く先にいる神様は、愛の塊みたいなものだから、どうやったらその愛に一歩でも近寄ることができるか。

どんどん愛を出して挑戦して、素直に生きてみよう。

愛も楽しさも幸せも、素直さから出てくるものだから。

あなたも、その心をきっと持っているはずだよ。

Q 31

世間でいう「頭の良さ」は、
その人の「素直さ」を発揮するのに
優利になりますか？

たとえばね「自分も大切、人も大切」って当たり前なんだよ。

食べられない時代ならまだしも、今はほとんどの日本時が食べられるようになったんだから、その次に魂の勉強をしようとか考える人がいるのも当たり前なんだよね。

こんな豊かな国にいて、みんなが少しずつ自分の好きなことをしたくなるっていうのも、やっぱり当たり前なんだよ。

本当に頭のいい人は、そういうことが当たり前に思えるんだよ。

何も、学校で数学や方程式を一生懸命やらなくていいって言っているわけじゃないよ。

学校がいけないんじゃないの。ここは誤解しないでね。

「本当に大事なことって何だろう?」とか「自分にとって必要なことって何だろ

う?」って考えようって言ってるだけなんだよ。

「自分も大切、人も大切」っていうことをね。

せっかくこの地球に生まれたんだから、楽しく幸せに生きたいよね。

もし誰か威張っている人がいたりすると、威張られた人は不幸になっちゃうんだよ。

そもそも威張る必要なんてないしね。

もちろん、いい学校に行っちゃいけないってことでもないんだよ。

いい学校に行ったからって威張る必要なんてないし、お金持ちになったからって威張る必要なんてないってことなの。

だって威張るためにいい学校に行ったんでも、威張るためにお金持ちになったんでもないだろう?

そういう人は、威張りたいからじゃなく、豊かになりたかったんだよね。

昔、うちのお袋がよく言ってたんだよ。
「人の役に立つために勉強するなら価値があるけど、人を馬鹿にするためにいい学校行くなら行かない方がマシだ」ってね。

だから、あなたのやっていることに「愛」がありますかってことだよね。

愛があれば全部○《まる》だよね。

それならば、何かをわからない人に対しても、自分が知っていれば教えてあげたり手伝ってあげたりできるよね。
「お前はこんなことも知らないのか？」って人を馬鹿にするために学んだことだったら、学ばない方がマシだよね。
嫌われることをしちゃいけないんだよ。

知らないから聞いているのに「こんなこともわからないの？」って言われたら、

相手がどんな気持ちになるか想像できないようじゃ愛がないよね。

人には、このことは知っているけど、このことは知らないっていうような、いわば得意・不得意があるんだよね。

いろいろあるから、知っていることは素直に教えればいいの。

もったいぶって、人に嫌なことをする必要なんてないんだよ。


親にそう育てられたとしても、ある程度大人になったら、自分に素直になってそんな生き方が本当にいいのか、考えなきゃダメだよ。

親は親、自分は自分だからね。

親のしてきたことが嫌だっていうのに自分もしてる人ってたまにいるんだけど、そういう人こそ自分に素直になって、幸せな人生を送るといいんだよ。

みんなに好かれることは無理だけど、少なくとも自分で自分のことを好きになれるような生き方をしてごらん。


どうすればいい？　って自分に優しくしたり、人に優しくすればいいの。

自分が知っていることは人に教えて、自分で知らないことは人に聞いて勉強するの。

素直にそういうことをやっていると、ちゃんと幸せになるよ。

嫌なことを繰り返ししていると、必ず因果が巡ってくるんだよ。

あなたのやっていることに愛はありますか？

あなたの言葉に愛はありますか？

これにつきるよね。

Q 32

ところで、素直さを発揮するために効果のある言葉はありますか？

「人は人、自分は自分」

自分の一番好きな人を、この「人」ってところに当てはめてごらん。

たとえば、織田信長が好きな人は、「織田信長は織田信長、自分は自分」という感じだね。

みんな、一番好きな人のようになろうとするけど、それは間違いなの。

よく「一人さんみたいになりたいんです」っていう人がいるんだけど、そういう人は「斎藤一人は斎藤一人、自分は自分」っていうといいの。


これが一人さんの教えなの。

あなたはあなたのままでいい。

あなたのままで光り輝く素晴らしさを持っているの。


それを知るためには、自分に素直になることが大事なんだよ。

この言葉をいつも使って素直に行動していると、だんだんバランスが取れてくるよ。

自分らしいスタイルができてくるっていうかね。

最初は多少ドギマギしてもいいんだよ。

逆上《さかあ》がりだって最初から上手くできる人とできない人がいるだろう？

人と比べて、自分の素直さを引っ込めちゃダメなんだよ。

少しずつやっていると、コツがつかめて上手になってくるからね。

「あの人みたいになりたい」じゃなくて「あなたみたいになりたい」って思われる人になるんだよ。

そして、そう言われる時があったら、ぜひ教えてあげてほしい。

「人は人、自分は自分」ってね。

第4章

どうしても「素直さ」が身につかないあなたへ

Q 33

「素直さ」が自覚できない人には、どういう特徴があると言えるのでしょうか？

恐れだろうね。

たとえば、素直になろうとして素直になれない人っているじゃない？　そういう人には「素直にならなくていいんだよ」って言ってあげたいの。

それは、見捨てたってことじゃなくてね。

人それぞれで、学ぶことが違うから当たり前のことなの。


種っていうのはね、蒔くにしても、発芽する時期ってものがあるんだよ。

それと同じで、人も必ず目覚める時期っていうのがあるの。

そして、それは人によって違って当たり前なの。

それでいいの。


周りの人は、その時期を信じて待ってあげればいいの。

他の人と自分を比べて、芽が出るのが早いとか遅いとか、うまくいかないって思わなくていいの。

それよりも、あなたが愛のある人間になって、あなたが幸せになればいい。


そうなれると、人のことも許せたり、待ってあげられるんだよ。

すると、あなたからは、春のような暖かさが出るんだよね。

それが相手の芽を出させたり、花を咲かせることにつながるんだよ。

あなたの笑顔も、話す優しい言葉も、愛のある行動も、相手の花を咲かせるお手伝いみたいなものなんだね。


そして、**なぜかそういう人が、一番美しい花を咲かせることになるんだよ。**

自分で開花しちゃうんだね。

自分で幸せの花を咲かせて、開花してしまえば、自然と周りもそうなるからね。

それなのに「どうしてあの人は！　あの人は！」って言ってる人がよくいるけど、
そういう人は、「あの人」をかまい過ぎなんだよ。

そうじゃなくて、「あの人」を信じてあげるの。

あなたが心配しているってことは、相手を信じてないのと同じなんだってことに気づくべきなんだよ。

相手も自分もともに「愛と光でできているんだから、大丈夫！」って信じてあげるの。

そこから、あなたは自分の花を開花させながら相手を待ってあげればいいの。

相手を待っていれば、自然に相手の芽だって出るようになっているの。

今世で芽が出なければ来世、来世出なければまた来世という具合に、いつか必ず芽が出るの。

その間だって、その人は何もしてないんじゃないの。

いろいろなことを経験して、ちゃんと芽を出すために育んでいるの。

たくさんのことを学んでいるの。

よく人が言う「困ったこと」って、本当に困っていることじゃないんだよ。それは学んでるってことなの。

人って、それぞれ今世、学ぶことを決めてきているの。魂はちゃんとそのことを知っているから、必ずそれを学ぶようになっているんだけど、そこで周りがごちゃごちゃ口を出したり、やたらと心配したりしちゃいけないの。

たとえそれが、うまくいかなかったとしても、うまくいかないってことを学んでいるだけなの。

なぜって、人ってもともと、うまくいかないことを学んでからじゃないと、素直さが学べないようにプログラムされているんだよね。

だから、相手のことを心配するより、ただ信じてあげるの。

相手に対しても、「今、神様の愛により、すべてのことがうまくいっています」って祈ってあげるといいよね。

祈りって愛だしね。

たとえば、人から何度も騙される人っているのね。
それってどういうことかというと、何度も騙されないと学べない人なの。
でも、その人はちゃんと学んでいるの。
それで、学び終わると、次の段階でまた学ぶことになるんだよ。
この地球は学びの星だからね。
そして、人っていろんな学び方をするものなの。

学び方については、空の上で魂のとき神様と決めてきているの。
「自分はこういう学びをしながら愛を出して素直な心を育て、経験してきます」って。

それって、あなたに乗り越えられない問題なんてないってことなの。
だから、どうすれば愛のある言葉を話せるか、愛のある笑顔ができるか、愛のある行動ができるかを考えて、自分に素直に生きてごらん。

人の学びはその人が神様と決めてきた学びなの。
だから人の学びにいちいちケチつけちゃダメなの。
それより、自分の学びを素直にやるんだよ。
あなたなら、きっと上手に乗り越えられるからね。

Q 34

自分の「素直さ」について、人と違うなどと不安に思う必要はないのでしょうか？

まったく不安に思う必要なんかないよ。
さっきも言ったように、人それぞれ学ぶことが違うんだから。

そういうときは「不安に思っていること自体に愛はありますか？」って考えるとわかりやすいだろうね。
愛がないことって、恐れしか生まないから、自分を苦しめる材料にしかならないよ。

もっと自分に素直に、幸せになろうって思っていいの。

人ってね、全部個性なの。
それぞれが元々そうできているの。だから全部違うしそれでいいの。
1＋1＝2っていうのは不変の定理だから2なの。
だけど、そういうこと以外だったら、どんな学び方をするか？

どんな生活をするか？

どんな生き方をするか？

全部違うの。答えは本当にたくさんあるんだよ。

その中で、自分に素直に出した答えがきっと今の自分の魂の成長に一番合っている答えであり、時間が経って「違うな」って思ったのなら、いつでも改良すればいいの。


何度も言うけど、人それぞれ答えが違って当たり前だってわかってね。


そのことで苦しんだりしちゃダメだからね。

それはたとえ兄弟であっても全然違うの。

同じ遺伝子を持って、同じ家庭で育っても一人は挑戦的なのに、一人は保守的だったりして、まるで違う兄弟っているんだよ。

それは魂が全部違うんだっていう、学びがそれぞれ違うんだっていういことなの。

だからそれでいいの。その子を、信じてあげるだけなんだよ。
この子は、こういう学び方を選んできた素晴らしい魂なんだってね。
人は誰しも、神様の愛と光でできているから大丈夫なんだよ。

Q 35

自分だけの「素直」さが人の影響で消えてしまうことはないのでしょうか？
もしくはそうなりそうな時の注意点はありますか？

自分を大切にすれば、自分だけの素直さが消えるなんてことはないんだよね。

自分も大切。
相手も大切。

神様からしたら、全員自分の子どもでみんな大切なの。
だから、このことさえ忘れなければ、素直さが消えて無くなるってことは絶対ないんだよ。

Q 36

どうしても、自分なりの「素直さ」がわからないという人はどういうことを意識するべきでしょうか？

それはきっと、今わかる時期じゃないってことなの。
きっとその人にとってはね。
でも、それがずっと続くわけじゃないよ。

だから無理せず目の前のことをやってなさいってことだよね。
それをやっていると目覚める時が来るの。
だからね、目覚めさせようとするんじゃなくて、時を待つの。

Q 37

「素直さ」を直接的に身につけようとする以外で、結果として「素直さ」が身につく方法というのはあるのでしょうか？

そうだね。**まず、いい愛に触れることかな。**

だけど、周りに愛がないってこともあるし、あったとしてもそれを上手に受け取れない時もあるよね。

だから、その人なりのタイミングを待って、素直に自分ができることをやるのが大切だね。

タイミングを待つというよりも、できることをやりながら〝時を味方につける〟ってことの方が、ニュアンスは近いかな。

時を味方につけるとしても、「今、私は悪い方向に進んでいる」と捉えるのか、「今、神様の愛により、いい方向に進んでいます」って思うのかでは、全然違うよね。

いい方向に進みたいと言いながら、嫌なことを考えたり、愛がないことをしたりしていたら、身も心も疲れるよね。

でも神様と自分を信じて、素直に行動している時って、なぜか時が味方してくれてすべてのタイミングが合って来るんだよ。

そこから、自分の中にも神様が分けてくださった愛があると思ってごらん。
それだけで自分の中の愛が輝き出すよ。

必ずあなたの中にも愛があるから心配しないで。
自分ができることをやってごらん。
そうすると必ず、時が味方してくれるよ。

Q 38

多くの人が自分だけの「素直さ」を身につけたら、どんな社会になっていくでしょうか？

それは素晴らしい社会になっていくだろうね。

最高のオーケストラみたいな。

チェロはチェロで素晴らしい音を出し、バイオリンはバイオリンで素晴らしい音を出す。

みんなそれぞれに奏でる音やタイミングも違うけれど、神様という指揮者の元に集まった、素敵な個性を持った、最高のオーケストラ。

そこで「あの人はまだ音を鳴らさないのかしら？」なんてよそ見をしていては自分の音を出すタイミンを逃してしまうよ。


ちゃんと自分の楽譜を確認しつつ、神様が指揮するのをしっかり見て音を奏でる。

その一つひとつの個性が合わさって、最高の音楽になるんだね。


曲なんか知らなくてもいい。

神様が指揮をとったら、すべての音が輝き出す「愛の合奏」みたいになるよ。

Q 39

その人だけの「素直さ」が身についたら、ぜひやって欲しいことはなんですか？

人を認めてあげること。

人も、自分と同じ神様から愛を分けてもらって生まれてきた人間なんだってことを認めてあげてほしいよね。

そして人を許してあげること。

未熟さがまだ残っている人もそれを今世の学びとして挑戦している人なんだよ。

もちろん自分だってそうだよ。

今世に、いろんなことに挑戦しに生まれてきてるんだよ。

素直に愛を出してやってみてごらん。

あなたならきっと乗り越えられるよ。

最終章

一人さんから愛のメッセージ

心から「素直」になりたいあなたへ

自信

人生を変えたいなら、少しだけ大きい声で話そう
それだけで自信のある人に見える
人生ってそんな小さなことから始まる

さいとうひとり

今の自分を変えたいって思ったら、大きく変えようなんてことしなくていいんだよ。


今までうつむいて話していたなら、少し前を向いて話す。

真顔で話していたなら、笑顔で話す。

小さい声で話していたなら、少し大きい声で話す。

そんな「小さなこと」が、少しずつあなたの習慣になり、やがて道になり、幸せな方に歩み出すから。


大きくなんて変えなくていいんだ。

今のあなたも十分素敵だから。

舵をとる

不幸な人は不幸なことを考える
楽しい人は楽しいことを考える
心の舵をしっかり握って
幸せな方に舵をとろう

さいとうひとり

人生っていろんなことがあるけど、自分の気持ちに素直に生きていると、ちゃんと幸せに向かうようになっているんだよ。

潮の流れが変わるように、周りにどんな流れが来ようとも、しっかりと自分の心の舵を握っていれば、目的地に到着する。

愛のある言葉で、愛のある行動で、愛のある顔で目的地に向かおう。

きっと、その幸せな目的地までの道が楽しいんだと思う。

働き方

働き方はいろいろあるけど、どんな仕事も
自分に合った仕事を見つけられた時がプロ

さいとうひとり

仕事っていろんな仕事があるけど、どれも世の中の役に立つ仕事なんだよね。もちろん、仕事の中にはやりたくない仕事もあるよ。

でもそれは自分にとって苦手な仕事であって、嫌な仕事にしていちゃいけないよね。

一日だいたい8時間ぐらい仕事ってするだろう?

だから仕事が嫌だって言っていると、人生の半分近くは嫌なことしていることになってしまう。

反対に仕事って面白い、楽しいって思ってやっていると、人生の半分近くもの時間が楽しくなってしまう。

自分に合ったやり方を見つけるんだよ。

どうせやるなら笑顔でやるとかさ、明るい声や顔でやるとかね。

あなたならきっと仕事のプロになれるよ。

親

「親孝行、したいときに親はなし」
散々聞いていたのに、できなかった私

さいとうひとり

「親孝行、したいときに親はなし」の本当の意味は、どんなに親孝行しても、親にしてもらったことにはかなわないって意味なんだよね。

親の一番喜ぶことって何だろう?。

それって子どもが幸せでいることだよね。

じゃあ、どんなことが幸せかっていうと、結婚することだったり、いいところに就職することだったりというのも違うと思う。

もちろんそれで子どもが幸せならいいんだけど。

やっぱり子どもが笑っていたり、喜んでいたり、楽しんでいたりして、素直に生きていることが一番の親孝行だと思うよ。

幸せってその人が輝いていることだと思うんだ。

もし、親がいない人でもそれなら一生できるよね。

さあ、笑ってみよう。

成功者に共通しているもの

行動
改良
あきらめない

さいとうひとり

要するに、成功する人って、いい意味での意地っ張りでもあるんだけど、自分に素直に生きているってことなんだよね。

神様って「こうなりたい」って誰かが思うと、じつはその道を目の前に用意してくれるんだよ。

そこを進むのは自分なんだけど、怖がっていたり、心配しすぎていたりするとまったく進めないの。

「間違ったらどうしよう」と考えて進めないでいるより、間違ったら改良していけばいいんだよ。

あきらめなければ、あなたの前にも必ず道は開くよ。

涙が出る日

若い時は悔し涙・悲しい涙が
多かったような気がする
歳を重ねるごとに嬉し涙が増えてくる

さいとうひとり

悔しい涙を流しながら、人は優しくなれる。

自分がされた嫌なことを人にしてはいけないということを学びながら、成長する。

悲しい涙を流しながら、人は強くなれる。

出てきた問題に立ち向かう勇気と、挑戦する力を育てながら成長する。

嬉し涙を流しながら、自分や人を許せるようになる。

たくさんの幸せや愛に気づいて、嬉し涙を素直に流すと「許す心」が育って、それがあなたを大きく成長させる。

勇気

勇気とは、震えながらでも一歩足を踏み出すこと

さいとうひとり

勇気っていうと、誰かに立ち向かっていって相手を倒すことだと思っている人が多いけど、そうじゃないんだよ。

自分が幸せになるために、震えながらでも、泣きながらでもいいから幸せに向かって一歩足を踏み出すことなんだよ。

そして、その勇気はみんな持って生まれてきたんだよ。


人は幸せになるために生まれてきたんだ。


神様との約束を思い出してごらん。

決して不幸になるために、苦しむために生まれてきたんじゃないってわかるから。

あなたは勇気を持って生まれてきているよ。

勉強

大人になってからの勉強は楽しいし
人生に差をつける
読みたい本を読んでみよう

さいとうひとり

子どもの頃、勉強が嫌いだった人って何となく、大人になってからも自分はダメなんじゃないか、できないんじゃないかって思いがちだけど、大人になってからの勉強って楽しいよ。

なぜかって、学べば学ぶほど人生に「知識」という差がつくから。

その知識という差をどんどん増やす方法は、人の役に立つように教えることだね。

学校ではカンニングはダメだけど、人生の学びではそんなことないんだよ。知っている人からは聞けばいいし、自分の知っていることは教えればいい。

そうやって人の役に立っていると、どんどん頭が良くなるよ。

まずは、読みたい本でも読んでみよう。

美しい

この世は美しいものに包まれている
空には星
野には花
人にはあなた

さいとうひとり

あなたの話す言葉は美しいですか？
あなたの聞く言葉は美しいですか？
あなたの見るものは美しいですか？
嫌なことを話し、嫌なことを聞いて、嫌なものを見ていませんか？

美しいものに囲まれていることに気がついてください。
そしてあなたも美しいものの一つであることに気がついてください。

美しいことを感じられる、あなたの心が美しいのです。

好きな人

好きな人がいるだけで人生に花が咲く

さいとうひとり

好きな人や好きなもの、好きなことって自分にたくさんのエネルギーを与えてくれます。

どんなエネルギーって、それは幸せになるエネルギーです。
好きな人がいるだけで人生に花が咲いたように、幸せになります。
好きなことを見つけただけで人生が輝き、楽しくなります。
好きなものに触れるだけで心穏やかになり、優しい気持ちになれます。

あなたの周りで「好き」をたくさん見つけてみましょう。
そしてきっと、あなたも誰かの好きな人となり、誰かの花を咲かせるでしょう。

道

どの道を行っても
自分の歩いた道が自分の道

さいとうひとり

どうせ行くなら、楽しくて明るくて幸せな道がいいと誰でも思うけど、悩んで、立ち止まって、考え込んだ道も、あとになって考えると、どれも愛おしい自分が通った道。

その時に最高の答えで通った大切な経験の道。

いつか笑ってそう思えるのなら、今、笑ってその道を進んだらいい。

神様がきっとあなたの笑顔にあった道を用意してくれるから。

あなたの笑顔は、その道を照らす道しるべとなりますよ。

神の愛

どんなに大変なことがあっても
明日には日が昇る
それが神の愛

さいとうひとり

大変だ、大変だと言って物事をもっと大変にしていませんか？
神様はどんな時も私たちに愛を与えてくれています。

それを見習って少し愛のある考え方をしてみましょう。
愛のある捉え方をしてみましょう。

明るい話し声、優しい言葉、みんな神様から分けてもらった愛ですよ。
自分を大切にしてください。
それだけで、人生がうまくいき始めますよ。

思いっきり

思いっきり笑う日もあれば
思いっきり泣く日もある
人生だから

さいとうひとり

どうせ人生を送るなら、思いっきり幸せに送ろう。
一人さんは一人さん、あなたはあなた。

たくさん経験しながら人生を楽しく生きる。
いろんな感情は神様がつけてくれた感情。
たくさん経験して学べるように、感情があなたの人生に味を出してくれる。

いっぱい笑って楽しもう。
いっぱい泣いて優しくなろう。

そんな人生は見ている方も幸せになる。

広がる

悪口は一方通行にしか流れないが
いい人の話は四方に広がる

さいとうひとり

悪口って、言ってる本人は広げてやろうと思っているかもしれないけど、本当は一方通行にしか流れなくて、やがて自分に返ってくるもんなんだよ。

だって、その一方通行には人の悪口や噂話が好きな人しかいないから、同じような嫌な話をあなたにもしてくるよね。

反対に、いい話やいい噂って、その感動が自然と伝わるように四方に広がっていくんだよ。

そして広げた人たちにまで幸せが訪れるんだ。

自分に届いた嫌な話は、いつか自分が話したものが返ってきただけ。

その場で止めて、流さないようにしよう。

自分が聞いたいい話は、自分の大切な人たちに伝えて、その人たちとの幸せな時間に使いましょう。

褒め言葉はあなたを美しく見せるし、悪口はあなたを醜く見せますよ。

親切

親切はどんな小さなことでも
愛の心から生まれる

さいとうひとり

自分に優しくできる人は人にも優しくできます。
なぜなら、どうやって優しくすればいいかわかるから。
どんな小さな親切も、あなたから出た優しい愛です。
愛は必ずあなたの中にあるもので、周りの愛に触れると輝き出します。

火を灯す

自分のために火を灯しても
人のために火を灯しても
あなたの周りが明るくなる

さいとうひとり

心に火が灯るような話し方、行動を心がけてみると、だんだんと自分の周りが明るくなっていきます。

心配したり、恐れたりするときは心に愛がないときです。
心に愛を持って、火を灯し、あなたの周りを明るく照らしましょう。
そうすると素敵な人生が見えて来ますよ。

自分のために火を灯す。
人のために火を灯す。
できる方からやればいい。

間違い

何をやってもうまくいかないときは
正しいと思っていることが
間違っていることがある

さいとうひとり

この世に間違いがあるとしたら、やらなかったことだけが間違いなんだよ。

やったことは経験が残り、学びになるから間違いじゃない。

だから、うまくいかないことは、正しいと思っていたことが違っているという学びだと思って素直に改良してごらん。

少しずついい方向に進んでいくから。

誰だって思い違いをするものだから、違うと思ったらそこから素直に直すことだね。その素直さが成功の秘訣だよ。

成功って、今やっていることを少しずつ改良して、また挑戦をすることなんだよ。

そのまま

そのままに見る
大きいことは大きいままに
小さいことは小さいままに

さいとうひとり

そのままの大きさで物事を見るって大事なことなんだよ。

ちょっとしたことを大袈裟に捉えると、使わなくていいエネルギーまで使って疲れてしまうからね。

反対に大きいことを、小さく見すぎていると準備不足でうまくいかなくなってしまって、余計なエネルギーを使わなければならなくなるし、次に同じような問題が起きた時に、最初から嫌なものとしか見なくなってしまうんだよ。


だから起こったことを、そのままの、ちょうどいい大きさで見るって大事だね。

そうすると、答えは自然と見えてくるもんだよ。

神様

神様が自分に厳しいと思った時は、自分が自分に厳しくしている時
神様が自分に優しいと思った時は、自分が自分に優しくしている時

さいとうひとり

神様って厳しくも優しくもあるっていう人がいるけど、神様は愛なんです。

自分で自分に厳しくすると、神様が厳しくしているように感じるんだけど、神様はいつも愛でいっぱいだよ。

自分に優しくして神様の愛を感じてごらん。

明日を笑顔で過ごす勇気になるから。

おわりに

はい、最後にまた一人さんです。

この本では、素直さについて、同じことを何度も繰り返し話しています。
いきなり「自分の素直さを大事に」って言われても、そう簡単にはいかないかもしれません。
人によっては、すんなり受けとめられるところと、そうではないところがあると思います。

でも、それでいいんです。

なぜなら、**あなたは一人さんじゃない、つまり、人はそれぞれ違っているんだし、それでいいからなんです。**

ただ、これだけは忘れないでほしいんです。

神様の愛は、あなたにも届いているってことを。
あなたの身体は、神の愛の通り道だってことを。

つまり、あなたから出る言葉、あなたがとる行動、そしてあなたの笑顔、そのすべてが愛だってことを。

そんな神様の愛の結晶であるあなたが、自分に素直になれば、それだけで素晴らしい人生になると思います。

だから、遠慮しないで素直になってほしいと思います。

あなたの人生が、どんどん素晴らしいものになることを祈ってます。

斎藤一人

斎藤一人（さいとう・ひとり）

実業家。「銀座まるかん」(日本漢方研究所)の創業者。1993年以来、12年連続で全国高額納税者番付(総合)10位以内にただ1人ランクインし、2003年には、累計納税額で日本一になる。土地売却や株式公開などによる高額納税者が多い中、納税額がすべて事業所得によるものという異色の存在として注目される。

『微差力』『眼力』『変な人の書いた世の中のしくみ』『人とお金』『地球は「行動の星」だから、動かないと何も始まらないんだよ。』『大丈夫だよ、すべてはうまくいっているからね。』『お金の真理』『品をあげる人がやっていること』(高津りえ共著)(以上サンマーク出版)、『人生に成功したい人が読む本』『絶対、よくなる！』(以上PHP研究所)、『斎藤一人 しあわせを招くねこ』(ロングセラーズ)、『人間力』(信長共著／信長出版) など著書多数。

●さいとうひとり公式ブログ
http://saitou-hitori.jugem.jp/

「素直《すなお》さ」こそ最強《さいきょう》の武器《ぶき》である

発行日　2018年　4月10日　第1版第1刷

著　者　斎藤《さいとう》　一人《ひとり》

発行者　斉藤　和邦
発行所　株式会社　秀和システム
〒104-0045
東京都中央区築地2丁目1－17　陽光築地ビル4階
Tel 03-6264-3105（販売）Fax 03-6264-3094
印刷所　図書印刷株式会社　Printed in Japan

ISBN978-4-7980-5237-3 C0095